C'EST LA MÈRE MICHEL QUI...
Catherine THÉVENAU

Éditions ART ET COMÉDIE
3, rue de Marivaux
75002 PARIS

Tous droits de reproduction, d'adaptation
et de traduction réservés pour tous pays
ISBN : 978-2-37393-091-7
© Éditions théâtrales ART ET COMÉDIE 2015

« C'est la mère Michel qui... »

a été créée le 14 octobre 2015
au Théâtre des Variétés
dans une mise en scène de Laurent Stachnick

Avec

Moa Berouag

Alexandre Bonneau

Constance Dolleans

Anne Herrscher

Costumes de Pascaline Suty
assistée de Fanny Marteau

« C'est la Mère Michel qui... » a été créée le 18 novembre 2012 à l'Espace Saint Honoré, dans une mise en scène de Sophie Chassan

NOTE DE L'AUTEUR

J'ai voulu renouer avec la tradition des comptines enfantines qui sont parfois méconnues des enfants.

Les héros de ces comptines, dont certains ne se sont jamais croisés auparavant, vont sortir de leur chanson et prendre vie. Ils vont se chercher, se trouver… tout en chantant, même ce qui n'est pas de leur propre répertoire.

Catherine Thévenau

PERSONNAGES

La Rose : habillée tout en rose.

Jeannette : une robe ou une jupe, un tablier. Elle peut avoir une quenouille (tige entourée de laine).

La mère Michel : jupe, tablier, foulard sur la tête ; on peut lui mettre une perruque de cheveux blancs ou gris.

Pierre : chemise, pantalon, casquette…

Le chat Matoupris : collant noir, haut blanc et masque de chat (qui ne cache pas la bouche) ou grandes moustaches dessinées et/ou avec petites oreilles sur un serre-tête. On peut fabriquer une queue.

Le loup : une tenue toute grise (collant et pull) et masque de loup (+ une queue).

Le chœur des enfants qui chante les comptines.

ACCESSOIRES

Une chaise, un tabouret ou escabeau, une clarinette (elle peut être découpée dans du carton et peinte) et les notes de musique découpées aussi (toute la gamme).

SCÈNE 1
Jeannette et la Rose

Jeannette
À la claire fontaine m'en allant promener
J'ai trouvé l'eau si belle que je m'y suis baignée.
Il y a longtemps que je t'aime, jamais je ne t'oublierai.
Chante, rossignol, chante, toi qui as le cœur gai,
Tu as le cœur à rire, moi je l'ai à pleurer.
Il y a longtemps que je t'aime, jamais je ne t'oublierai.
C'est pour mon ami Pierre qui ne veut plus m'aimer
Pour un bouquet de roses que je lui refusai.
Il y a longtemps que je t'aime, jamais je ne t'oublierai.

La Rose
Oh, merci.

Jeannette
Pardon ?

La Rose
Si tu refuses les bouquets, Jeannette,
c'est que tu veux sauver les fleurs. Merci.

Jeannette
Mais j'ai perdu mon ami.

LA ROSE
Sèche tes larmes ou je te pique, pic et pic et colégram.

JEANNETTE
Vous parlez, mais vous êtes une rose ?

LA ROSE
Je suis un être vivant comme toi
À peine éclose et moins morose.
Et je souhaiterais que tu m'arroses.

JEANNETTE
Non, je me repose de mes malheurs
Qui valent plus que la vie d'une fleur.
D'ailleurs, j'ai bien envie de te cueillir.

LA ROSE
Tu veux me cueillir alors que tu as refusé
Le bouquet de ton ami Pierre ?
Méfie-toi de mes épines, coquine !

JEANNETTE
Je suis si malheureuse. Pierre, reviens, Pierre,
Offre-moi des bouquets de fleurs
Des bouquets d'orties
Des bouquets de carottes
Des bouquets de choux-fleurs
Des bouquets de steaks hachés
Tous les bouquets que tu veux, mais reviens.
Adieu la Rose.

Elle sort.

SCÈNE 2
LA ROSE ET LA MÈRE MICHEL

LA ROSE
Ouf, heureusement qu'elle est partie.
Son chagrin risque de m'abîmer.
Comment trouvez-vous mes pétales ?
Pas trop fanés, pas trop pâles ?
(Elle s'approche des enfants pour qu'ils donnent leur avis.)
Merci, merci, c'est très gentil à vous.
(Elle fait des courbettes.)
Oui, les abeilles disent que je suis très belle.
Que je serai la reine des fleurs
Jusqu'à ma dernière heure.
Si vous voulez longtemps me conserver
Il faudra souvent m'arroser
(Elle s'adresse à un enfant :)
S'il te plaît, arrose-moi, arrose-moi.

Elle se tait car on entend :

LE CHŒUR DES ENFANTS
C'est la mère Michel qui a perdu son chat
Qui crie par la fenêtre à qui le lui rendra
C'est le père Lustucru qui lui a répondu
Allez la mère Michel vot' chat n'est pas perdu
Sur l'air du tra la la la, sur l'air du tra la la la,
Sur l'air du tra déridéra et tra la la.

LA ROSE
Oh non ! Qu'est-ce qu'elles ont toutes à tout perdre ?
L'une a perdu son Pierre,
L'autre a perdu son chat.
Est-ce que je perds ma langue, moi ?
(Elle montre sa langue.)

La mère Michel arrive, essoufflée.

LA MÈRE MICHEL
Miaou, miaou, mon gros minou,
Viens voir maman,
J'ai du bon lolo dans ta petite gamelle.
(Sur l'air de « J'ai du bon tabac ».)
Si tu ne reviens pas, une souris le boira.

LA ROSE
Partons sans qu'elle m'aperçoive.

LA MÈRE MICHEL *(l'arrête)*
N'avez pas vu mon chat,
Mon ravissant petit chat ?

LA ROSE
Qui chaque matin fait pipi sur moi…

LA MÈRE MICHEL *(indignée)*
Oh non ! Pas lui !
C'est un chat aristocrate.

LA ROSE
Qui arrose aussi les tomates.

Elle sort.

LA MÈRE MICHEL *(restée seule)*
Non, c'est un chat très bien élevé,
Un chat, un tcha, tcha, tcha, un tcha, un tcha, tcha.
(Elle danse.)
Ce petit chaton faisait dans sa litière
Tcha, tcha tcha, chaton, tcha tcha tcha chaton.
Ce petit chaton faisait dans sa litière
Tcha, tcha tcha, chaton, tcha tcha tcha chaton.
Les enfants, avez-vous vu mon chat,
Est-il passé ici, est-il passé par là ?
Je vous en prie, dites-le-moi.

LE CHŒUR DES ENFANTS
C'est la mère Michel qui a perdu son chat
Qui crie par la fenêtre à qui le lui rendra
C'est le père Lustucru qui lui a répondu
Allez la mère Michel vot' chat n'est pas perdu
Sur l'air du tra la la la, sur l'air du tra la la la,
Sur l'air du tra déridéra et tra la la.

LA MÈRE MICHEL
Vous avez entendu ? Il n'est pas perdu.
Mais l'avez-vous vu, l'avez-vous vu ?
Minou, minou…
(En chantant.)
J'ai du bon lolo dans ta petite gamelle.
(Sur l'air de « J'ai du bon tabac ».)
Si tu ne reviens pas, la souris le boira.
Et si un loup l'avait mangé ? Minou, minou, reviens.

La mère Michel sort, et ne voit pas arriver le chat Matoupris.

SCÈNE 3

MATOUPRIS ET JEANNETTE

MATOUPRIS
Promenons-nous dans les bois
Pendant que le loup n'y est pas
Si le loup y était
Il nous mangerait
Mais comme il n'y est pas,
Il nous mangera pas.
Ces humains, pour qui nous prennent-ils ?
Minou, minou, viens boire ton lolo
Attrape la baballe, fais un gros dodo, donne ta papatte.
Non, non et non, je m'appelle Matoupris et pas minou, minou.
(On entend un hurlement de loup.)
Ouh là là ! Le loup !
Peut-être un loup-garou, un loulou, un gros loulou ?
Non, Matoupris n'a pas peur,
C'est le roi des matous.
Un matou qui ne craint pas les loups.
(Un hurlement de loup.)
Maman, maman, j'ai peur !
Je veux bien ton lolo,
Je suis ton minou adoré
Maman Michel, au secours !
Quelqu'un arrive, et si c'était le loup ?
(Il se cache.)

Arrive Jeannette.

JEANNETTE
Pierre, où es-tu, Pierre ?
Cueille-moi des bouquets,
Des dizaines de bouquets,
Des centaines de bouquets,
Des milliers de bouquets,
Des millions de bouquets,
Et j'accepterai de t'épouser.

Elle pleure et le chat sort de sa cachette.

MATOUPRIS
Ne pleure pas, Jeannette
Tra la la la la la la la la la la la la
Nous te marierons, nous te marierons.
Avec le fils d'un prince
Tra la la la la la la la la la la la la
Avec le fils d'un prince
Ou celui d'un baron
Ou celui d'un baron.

JEANNETTE
Je ne veux pas d'un prince
Tra la la la la la la la la la la la la
Je ne veux pas d'un prince
Encore moins d'un baron, encore moins d'un baron.
Je veux mon ami Pierre
Tra la la la la la la la la la la la la
Je veux mon ami Pierre.

MATOUPRIS
On ne peut pas tout avoir.
Faute de Pierre, contente-toi d'un Paul ou d'un Jean,
Puisque tu ne veux ni d'un prince ni d'un baron.

JEANNETTE
Je ne veux pas de Paul, je ne veux pas de Jean,
Je veux retrouver Pierre.
Je vais le chercher partout, sur la terre entière
Et même sur la mer.

MATOUPRIS
Toi tu cherches, et moi on me cherche,
Tu as perdu quelqu'un,
Et moi je suis perdu. Je suis perdu.

JEANNETTE
Tu n'es pas perdu, je t'ai trouvé.

MATOUPRIS
Oui, mais ce n'est pas toi qui dois me trouver.
Au revoir.

JEANNETTE
Ne me laisse pas seule
Aide-moi à retrouver Pierre.

MATOUPRIS
Non, on doit me retrouver.
(Un hurlement de loup.)
Il est temps que je parte. Tant pis, le loup dévorera Jeannette
Et elle ne pleurera plus son Pierre.
Maman, maman !

Matoupris sort.

JEANNETTE ET LE CHŒUR DES ENFANTS
(Sur l'air d'« À la claire fontaine ».)
C'est pour mon ami Pierre qui ne veut plus m'aimer
Pour un bouquet de roses que je lui refusai
Il y a longtemps que je t'aime, jamais je ne t'oublierai.
Offre-moi des roses
Des roses roses comme mes joues,
Des roses blanches comme mon teint,
Des roses rouges comme mes lèvres,
Des roses jaunes comme, comme, comme…

On entend un hurlement de loup.

LE CHŒUR DES ENFANTS et LE LOUP
Alouette, gentille alouette,
Alouette je te plumerai.
Je te plumerai la tête.
Je te plumerai la tête.
Et la tête ! Et la tête !
Alouette ! Alouette !

JEANNETTE
C'est le loup, sauvons-nous !
Heureusement que je ne suis pas une alouette !

Elle sort et arrive la Rose.

SCÈNE 4
La Rose et le loup

La Rose
Vous avez entendu
Ce qu'a dit le chat Matoupris ?

Le chœur des enfants
Non, dis-nous, dis-nous tout.

La Rose
Il est tellement peureux qu'il va laisser le loup dévorer Jeannette.
Si j'avais de plus grosses épines,
Je le blesserais et j'empêcherais quiconque de le secourir.
Il comprendrait enfin
Qu'il faut aider son prochain.
D'ailleurs, arrosez-moi, arrosez-moi.
Sans eau, je suis en danger.
Toi, arrose-moi et je serai de plus en plus belle,
Une pure merveille.
Mes pétales seront de soie
Mes tiges en émoi. Arrose-moi.

Arrive le loup avec une clarinette.

Le loup
J'ai perdu le do de ma clarinette
J'ai perdu le do de ma clarinette
Ah si papa il savait ça tra la la (bis)
Il dirait ohé… (bis)

LA ROSE
Mais qu'est-ce qu'ils ont à tout perdre ou à se perdre ?
Ils se prennent tous pour le Petit Poucet.
Est-ce que j'ai perdu ma langue, moi ?
Est-ce que j'ai perdu mes épines ?

Le loup la bouscule en passant, il se pique.

LE LOUP
Hou, hou, hou ! Ouille, ouille, ouille !

LA ROSE
C'est bien la première fois qu'un loup hurle à cause d'une rose.
(Elle se tord de rire.)
La reine des fleurs a mis le grand méchant loup en pleurs.
(Elle rit encore.)

LE LOUP *(vexé)*
Pas du tout, c'est parce que…
J'ai perdu le ré de ma clarinette
J'ai perdu le ré de ma clarinette
Ah si papa il savait ça tra la la (bis)
Il dirait ohé… (bis)

LA ROSE
Ce n'est pas beau de mentir
Alors que je vous ai vu souffrir.
Et depuis quand les loups jouent-ils de la clarinette ?

LE LOUP
Depuis que les loups ont des dents
Et qu'ils ont appris à jouer d'un instrument.

LA ROSE
C'est toujours mieux de jouer que de dévorer !

Elle sort.

LE LOUP *(seul)*
Dévorer, dévorer, oui, dévorer.
Qui vais-je croquer en premier ?
Une jeune fille bien cuite et dodue,
Un gros chat velu
Un jeune homme perdu
Ou un enfant tout cru ?
Hou, hou, hou !
Quand je joue de la clarinette, j'oublie que j'ai faim.
Mais j'ai perdu mes notes.
Sans elles, je ne peux pas faire de la musique.
J'ai faim, j'ai très faim.
Hou, hou, hou !
Qui vais-je dévorer tout cru ?
J'ai perdu le do de ma clarinette… (bis)

LE LOUP et LE CHŒUR DES ENFANTS
Ah si papa il savait ça…
Il dirait… au pas camarade, au pas camarade…

Le loup sort, Pierre arrive.

SCÈNE 5

PIERRE ET LA MÈRE MICHEL

PIERRE
Je suis quelqu'un de bien, même de très bien.
J'ai du maintien et je ne suis pas un vaurien.
Je suis quelqu'un d'honnête, même très honnête.
Je n'aurais jamais abandonné Jeannette
Si elle avait accepté mon bouquet de fleurs.
Je croyais que des roses, elle appréciait la senteur.
Peut-être qu'elle n'aimait pas qu'elles piquent,
Ou qu'elle était allergique ?
Je suis triste mais pas fait pour le malheur.
Alors pour l'oublier, je serai danseur.

LE CHŒUR DES ENFANTS
Sur le pont d'Avignon
On y danse, on y danse,
Sur le pont d'Avignon,
On y danse tous en rond…
Les beaux messieurs font comme ça
Et puis encore comme ça
(Refrain)
Les belles dames font comme ça
Et puis encore comme ça
(Refrain)
Les cordonniers font comme ça
Et puis encore comme ça
(Refrain)

Il fait chanter les enfants et danse même dans les rangs.
Arrive la mère Michel.

LA MÈRE MICHEL
Moi aussi, je veux danser.

LE CHŒUR DES ENFANTS
Dansons la capucine
Y a pas de pain chez nous
Y en a chez la voisine
Mais ce n'est pas pour nous, you !
Dansons la capucine
Y a pas de vin chez nous
Y en a chez la voisine
Mais ce n'est pas pour vous, you !

Elle danse mal, fait n'importe quoi, attrape Pierre.

PIERRE
Je ne vous ai pas invitée, et vous ne m'avez pas été présentée.
Lâchez-moi, madame. Lâchez-moi.

LA MÈRE MICHEL
Je suis la mère Michel qui a perdu son chat,
Qui crie par la fenêtre à qui le lui rendra…
Minou, minou, minou…

PIERRE
Je ne suis pas votre chat, moi je suis Pierre.

LA MÈRE MICHEL
Enchantée, Paul.

PIERRE
Pierre.

LA MÈRE MICHEL
Écoutez, mon petit Paul…

PIERRE
Pierre.

LA MÈRE MICHEL
Allez, Paul, une petite danse.

PIERRE
Pierre.

LA MÈRE MICHEL
Allez, un pas en avant,
Quittez votre air méchant
Et regardez devant.
Deux pas en arrière
Attention, j'suis pas loin derrière !
Et il veut être danseur Popaul !

PIERRE
Pierre.

LA MÈRE MICHEL
Pierre comme un gros caillou ! *(Elle rit.)*

PIERRE
Très drôle ! Je plains votre pauvre matou
Vaudrait mieux ne pas le retrouver du tout.
Il ne doit pas rigoler avec vous.

LA MÈRE MICHEL
Non, Matoupris m'aime.

PIERRE
Il vous a tout pris ?

LA MÈRE MICHEL
Matoupris, c'est son nom.
Et oui, il m'a tout pris.
Mon jambon, mon saucisson et même mon lit !
Matoupris se croit chez lui chez moi, chez lui chez vous,
Chez lui partout. Tout est à lui.

PIERRE
C'est décidément un chat loupé,
Votre matou qui prend tout !

LA MÈRE MICHEL *(vexée)*
Non, c'est un chat qui donne du bonheur.
Un conseil, trouvez-vous un autre métier que danseur.

Elle sort.

PIERRE
Jardinier, oh oui, mais un jardinier sans roses.
Jeannette refuse les roses.
J'ai descendu dans mon jardin (bis)
Pour y cueillir du romarin
Gentil coquelicot, Mesdames
Gentil coquelicot nouveau…
Je pourrais aussi, pour être en bonne santé,
Cultiver des légumes ?

LE CHŒUR DES ENFANTS
Savez-vous planter les choux ?
À la mode, à la mode,
Savez-vous planter les choux
À la mode de chez nous ?
On les plante avec le doigt,
À la mode, à la mode,
On les plante avec le doigt,
À la mode de chez nous… (Puis le pied, le genou…)

PIERRE
Non, Jeannette n'aime pas la soupe aux choux.
Alors je vais planter des carottes, des haricots…
Quoi encore ? Aidez-moi.
Créer un potager sera peut-être trop fatigant
Pour moi qui suis un grand, un très grand fainéant.
Et si j'étais bergère comme Jeannette, enfin… berger ?

LE CHŒUR DES ENFANTS
Il pleut, il pleut bergère
Rentre tes blancs moutons. (bis)

(Ou :)

Blanc blanc blanc belle rose,
Il y a des moutons blancs
Blanc blanc blanc et rose et blanc
C'est la bergère qui les ga-arde. (bis)

Le loup arrive.

LE LOUP *(voyant Pierre)*
Mais qu'est-ce que je vois ?
Un jeune homme un peu maigre ?
Pas très appétissant !
Ça pourrait aller comme amuse-gueule,
Ah ! ah ! C'est toujours mieux qu'une olive ou une cacahouète !
Pirouette, cacahouète,
Il était un petit homme…
J'ai tellement faim, que je peux faire une exception
Et me régaler de ce gâteau apéritif.
Et ensuite, un mouton bien dodu fera l'affaire.
Où sont tes blancs moutons, mon garçon ?

PIERRE
Blancs si l'on veut !
Ils ne sont jamais passés dans une machine à laver.
Mais moi je n'ai pas de moutons.

LE LOUP
On ne ment pas au grand méchant loup.
Je veux tout de suite un mouton, blanc, gris, noir ou rose.
J'ai trop faim pour faire le difficile.
Cours immédiatement me le chercher ou je te tue.
Hou, hou, hou !

PIERRE *(tremblant)*
Oui Monseigneur, je vais tout de suite vous en rapporter un,
Bien propre et bien gras.

Et il en profite pour se sauver.

SCÈNE 6
Le loup et Matoupris

Le loup
Pas contrariant ce petit, dommage que je doive le manger !
Si je retrouvais mes notes, il serait sauvé.
Quand je joue de ma clarinette
Je ne pense plus à de tendres côtelettes,
Ni à de délicieux gigots.
Je suis aussi doux qu'un agneau
Il tarde ce garçon et je commence à avoir sommeil.
Si je dors, j'oublierai peut-être que j'ai faim.

Il s'endort.
Arrive Matoupris. Il ne voit pas le loup endormi.
Il tient dans ses mains les notes et il jongle avec.

Matoupris
Do comme *dodo*, **dodo, l'enfant do, l'enfant dormira bientôt.**
(Il ronfle.)
Ré comme réveil.
(Il fait mine de se réveiller, bâille, s'étire.)
Mi, comme miaou, miaou.
Fa, comme fatigué.
(Il bâille.)
Sol comme soldat.
(Il imite un soldat qui défile.)
La comme lapin.
(Il imite un lapin.)
Si comme si, non, si, non, si, si…
Do ré mi fa sol la si do, gratte-moi la puce que j'ai dans le dos.

Une note peut tomber sur la tête du loup et le réveiller.

LE LOUP *(hurlant)*
Hou, hou, hou!
Qui a osé réveiller le grand méchant loup?
Je vais lui tordre le cou.
Hou, hou, hou!

MATOUPRIS *(se cache)*
Le loup! Maman, j'ai peur!

LE LOUP
J'ai faim. Hou, hou, hou!
Je vais vous trouver qui que vous soyez,
Et je vais vous dévorer.
Où êtes-vous? Là, non, ici, non.
Je sens que ça brûle, ça brûle.
*(Les enfants peuvent hurler et lui donner de mauvaises indications.
Il cherche partout sur scène et dans le public puis il l'aperçoit.)*
Ah! te voilà… Berk, un chat! J'aime pas les chats.
Eh le matou, avec quoi jongliez-vous?

MATOUPRIS *(tremblant)*
Vous me parlez?

LE LOUP
Ben oui, je vous parle gros matou, répondez-moi.

MATOUPRIS
Heu… en quel honneur?

LE LOUP
Je suis le Grand Méchant Loup.

MATOUPRIS *(essayant d'être courageux)*
Moi je suis le grand méchant matou de gouttière.

LE LOUP *(éclatant de rire)*
Ha, ha, ha ! Le grand méchant matou de gouttière.
Et il en est fier. Ha, ha, ha !
Moi, j'ai mangé le Petit Chaperon rouge.

MATOUPRIS
Moi j'ai mangé des tas de souris.

LE LOUP
Ha, ha, ha ! Moi j'ai mangé les trois petits cochons.

MATOUPRIS
Pas tous, menteur !
Et moi j'ai mangé tout ce qu'il y avait dans le garde-manger.
Et ma mère a mangé mes croquettes.

LE LOUP
Et moi j'ai mangé Blanche-Neige, le Petit Poucet,
La Belle au bois dormant.

MATOUPRIS
Menteur, menteur !

LE LOUP
Ha, ha ha ! Et je vais te manger
Comme j'ai mangé le Chat botté.

MATOUPRIS
Menteur !

LE LOUP
C'est vrai. Je ne digère pas les chats.
Je suis allergique, je les recrache tout de suite.

MATOUPRIS *(sort de sa cachette, rassuré)*
Et moi je ne suis pas allergique aux notes de musique.
Miaou, miaou !
Car je suis Matoupris, le chat qui prend tout
Le chat qui a tout pris.

LE LOUP
Mes notes ! Ce sont mes notes !
Rends-les-moi avant que je te croque,
Et fais ta prière
Vilain chat de gouttière.

MATOUPRIS
Non, maintenant de vous je n'ai plus peur.
On vient, ce doit être des chasseurs.
Sauvez-vous.
(Il lui vole sa clarinette. Le loup se sauve.)
J'ai fait fuir le Grand Méchant Loup.
Je suis maintenant le plus rusé des matous
Et non plus un gentil petit minou.
Je prends tout, je possède tout.
(Il montre la clarinette et les notes)
Comme Cadet Rousselle.

LE CHŒUR DES ENFANTS
Cadet Rousselle a trois maisons (bis)
Qui n'ont ni poutres, ni chevrons (bis)

C'est pour loger les hirondelles
Que diriez-vous d'Cadet Rousselle
Ah! ah! ah! Oui, vraiment
Cadet Rousselle est bon enfant!

MATOUPRIS
Et si je jouais à chat perché ?
(Il grimpe sur une chaise.)

SCÈNE 7

MATOUPRIS ET LA MÈRE MICHEL

Arrive la mère Michel.

LE CHŒUR DES ENFANTS
C'est la mère Michel qui a perdu son chat,
Qui crie par la fenêtre à qui le lui rendra…

LA MÈRE MICHEL *(n'a pas vu le chat perché)*
Avez-vous vu Matoupris
Le chat qui m'a tout pris
Mon cœur et mon lit
Mon peigne et mes bigoudis ?

MATOUPRIS *(s'adressant au public)*
Oui, j'adore me peigner
Ça me fait des guili-guili et ça me fait rigoler.
Et ce n'est pas un crime de voler
Ce qui est ma propriété.

LA MÈRE MICHEL
Où es-tu mon minou adoré ?

MATOUPRIS
Si elle m'appelle encore une fois mon minou adoré,
Je reste caché.

LA MÈRE MICHEL
Matoupris, Matoupris, viens, il y a une souris,
J'ai reconnu son petit cri.

LE CHŒUR DES ENFANTS
Une souris verte qui courait dans l'herbe
Je l'attrape par la queue
Je la montre à ces messieurs.
Ces messieurs me disent :
Trempez-la dans l'huile, trempez-la dans l'eau
Ça fera un escargot tout chaud…

LA MÈRE MICHEL
Matoupris, là, là, une souris…

MATOUPRIS
Alors là, je me sens une âme de seigneur
Et une âme de sauveur.
(Il commence à descendre de son perchoir.)
J'arrive, n'ayez pas peur.

LA MÈRE MICHEL
Dommage, la souris est partie.
Mon mimi, mon mimi, mon minou.

MATOUPRIS *(remonte sur son perchoir)*
Non, je m'appelle Matoupris.

LA MÈRE MICHEL
Matoupris !

MATOUPRIS *(redescendant)*
Oui, je viens.

LA MÈRE MICHEL
Que je suis heureuse de t'avoir retrouvé, mon minou chéri !

MATOUPRIS *(remontant)*
Non, je m'appelle Matoupris.

LA MÈRE MICHEL
Bien sûr, tout le monde le sait mon chéri.
Pourquoi restes-tu perché ?

MATOUPRIS
Je joue à chat perché.

LA MÈRE MICHEL
Ce n'est plus de ton âge.
Viens m'embrasser.

MATOUPRIS *(descendant)*
Je ne suis plus un bébé.
De mon vrai nom, je veux être nommé
Et être autant respecté que le Chat botté.

LA MÈRE MICHEL
Certainement mon minet chéri.

MATOUPRIS *(remontant, très en colère)*
Je suis Matoupris et plus un gentil minet
Si on m'appelle encore ainsi, je vais à nouveau me sauver.

LA MÈRE MICHEL
Ne me quitte pas.
Je ne m'en remettrai pas, de perdre encore une fois
Mon joli chaton qui fait des ronrons.

MATOUPRIS
Non, non et non
Je suis un vrai matou capable de tout.
Je peux voler, jongler et même danser.
(Il danse.)

LA MÈRE MICHEL
Qu'est-ce que tu fais ?

MATOUPRIS
Des sauts de chat.
(Il exécute des vrais sauts de chat.)

LA MÈRE MICHEL
Tu me réjouis, Matoupris.
Moi aussi, j'adore danser.

MATOUPRIS
Mais, qu'est-ce que tu fais ?

LA MÈRE MICHEL
Des entrechats. Des entrechats. Ha, ha, ha !

MATOUPRIS
Ça manque un peu d'entraînement ma chère mère
Et vous ne m'appellerez plus minou, j'espère.

LA MÈRE MICHEL
Promis, il n'y aura plus de minou, minou, mon minou.
(Matoupris n'a heureusement pas entendu les trois derniers mots.)
Mais où vas-tu Matoupris ?

MATOUPRIS
Chut, tout le monde peut entendre. Arroser ma litière,
Pour que la rose soit, envers moi, moins sévère.
(Il ramasse les notes et la clarinette.)

LA MÈRE MICHEL
Que fais-tu avec ces notes et cette clarinette ?

MATOUPRIS
Heu… rien.

LA MÈRE MICHEL
Mais, c'est celle du grand méchant loup !
Si tu ne les lui rapportes pas, il va faire un malheur.
Seule la musique est capable d'adoucir ses mœurs.
Il peut manger Pierre, Jeannette et toi.
(Matoupris est déjà parti.)
Matoupris, tu m'écoutes ? Rends-lui sa musique.
Et si tu rencontres Jeannette, la jolie bergère,
Dis-lui que Pierre l'aime toujours.

LE CHŒUR DES ENFANTS
Il était une bergère
Et ron et ron petit patapon
Il était une bergère
Qui gardait ses moutons
Ron ron
Qui gardait ses moutons.

Arrive Pierre.

PIERRE
J'ai trouvé.

LA MÈRE MICHEL
Ah ! c'est toi, Paul ! Tu as retrouvé Jeannette ?

PIERRE
Pierre.

LA MÈRE MICHEL
Pardon Paul, heu…

PIERRE
Pierre. Mais ne partez pas, il faut que je vous dise…
(La mère Michel s'en va et Pierre continue son histoire.)
J'ai un nouveau métier,
Je vais partir sur les flots pour oublier Jeannette.
J'ai acheté un navire.

LE CHŒUR DES ENFANTS
Il était un petit navire (bis)
Qui n'avait ja, ja, jamais navigué (bis)
Ohé, ohé

Ohé, ohé matelot
Matelot navigue sur les flots
Ohé, ohé matelot,
Matelot navigue sur les flots.

SCÈNE 8

PIERRE ET JEANNETTE

Arrive Jeannette.

PIERRE
Jeannette !

JEANNETTE
Tu ne sais pas ce que tu risques avec un bateau pourri !

PIERRE
Oui. Comme dans la chanson, être mangé,
S'il n'y a plus de vivres, par les marins.
Ce n'est pas pire que d'être dévoré par un loup !
De toute façon il fallait que je trouve une solution.

JEANNETTE
Une solution à quoi ?

PIERRE
Je dois disparaître.
Alors dans les entrailles du loup
Ou dans celles de l'océan
Ce n'est pas important.

JEANNETTE
Que fuis-tu et pourquoi ?

PIERRE
Tu ne m'aimes pas, alors adieu Jeannette.

Il s'enfuit.

JEANNETTE
Pierre !

SCÈNE 9

JEANNETTE ET MATOUPRIS

LE CHŒUR DES ENFANTS
Ne pleure pas Jeannette,
Tra la la la la la la la la la la la la
Ne pleure pas Jeannette,
Nous te marierons, nous te marierons.
Avec le fils d'un prince
Tra la la la la la la la la la la la la
Avec le fils d'un prince
Ou celui d'un baron
Ou celui d'un baron.

JEANNETTE
Je ne veux pas d'un prince
Tra la la la la la la la la la la la la

Je ne veux pas d'un prince
Encore moins d'un baron, encore moins d'un baron.
Je veux mon ami Pierre
Tra la la la la la la la la la la la la
Je veux mon ami Pierre.

Arrive Matoupris.

MATOUPRIS
Tu retrouveras Pierre
Comme j'ai retrouvé ma mère.

JEANNETTE
Elle t'a retrouvé ?

MATOUPRIS
Je n'étais pas perdu.

JEANNETTE
Qui l'eût cru !

MATOUPRIS
Je m'étais sauvé.

JEANNETTE
Et elle t'a trouvé ?

MATOUPRIS
Je me suis rendu.

JEANNETTE
Alors tu n'es plus perdu.

MATOUPRIS
Qui l'eût cru !

JEANNETTE
Et moi je suis perdue.

MATOUPRIS
Mais non, je t'ai trouvée.

JEANNETTE
Sans Pierre, je suis perdue.

MATOUPRIS
Qui l'eût cru !

JEANNETTE
Oui, qui l'eût cru !

Matoupris sort les notes et la clarinette de sa besace.

JEANNETTE
La clarinette et les notes du loup,
C'est toi qui les as pris, Matoupris ?

MATOUPRIS
Oui, j'ai tout pris.

JEANNETTE
Pourquoi, tu sais en jouer ?

MATOUPRIS
Non, pour m'amuser.

JEANNETTE
Rends au loup ce qui est au loup.
Il hurle au fond des bois.
(On entend : Hou, hou, hou !)

Et il veut dévorer tout ce qu'il voit.
(On entend : Hou, hou, hou!)
Même moi, même toi.

MATOUPRIS
Pas moi. Il m'a dit qu'il détestait les chats,
Et qu'il préférait manger Pierre.
Que viens-tu de dire : il veut aussi me dévorer ?
Alors il m'a menti !

JEANNETTE
Il en veut après toi
Et il veut se venger ma foi. Et Pierre…

MATOUPRIS
Quoi Pierre ?

JEANNETTE *(sur l'air de « Il était un petit navire »)*
Pierre est parti sur un navire. (bis)

MATOUPRIS
Mais non, j'étais au port. Son navire a sombré.

JEANNETTE *(pleurant)*
Il s'est sûrement noyé ?
Il ne sait pas nager.

MATOUPRIS
Mais non, mais non, mademoiselle Jeannette,
Votre fiancé n'a pas coulé.
Dans les bois, il s'est sauvé,
Et le grand méchant loup très affamé
Se cache dans les fourrés pour le guetter.

JEANNETTE
Courons vite lui rendre sa musique.

MATOUPRIS
Ce n'est pas toujours magique, la musique,
Et ce loup n'est pas amnésique.
Il m'en veut de ce que je lui pique
Il ne sera pas cette fois avec moi très sympathique.

JEANNETTE
Mais de toi, il était, si je m'en souviens, allergique.

MATOUPRIS
Oui mais souvent loup varie.
Et s'il me transformait en moustique ?

JEANNETTE
Eh bien tu le piques.
Comment, que dis-tu ???

MATOUPRIS
Avant de le piquer et d'être sûrement dévoré
J'ai deux horribles choses à me faire pardonner.
Premièrement : l'autre jour, je me suis sauvé lâchement.
Je t'ai laissée toute seule
Alors que le loup rôdait dans les parages.
Tu aurais pu mourir. La Rose m'a vu.

JEANNETTE
Filou de matou !

MATOUPRIS
Deuxièmement : j'ai oublié de te transmettre
Un message de ma mère :
Pierre lui a dit qu'il t'aimait… plus que tout !

JEANNETTE
Tu n'es vraiment qu'un minable minet de gouttière.
Le temps presse, allons sauver mon fiancé.
Je vais aiguiser un grand couteau
Pour égorger le loup, s'il le faut.

MATOUPRIS
Berk, berk, le sang, c'est dégoûtant !

JEANNETTE
Alors, rends au loup ce qui est au loup.

Elle sort.

MATOUPRIS
Non, je retourne chez ma mère.

LE CHŒUR DES ENFANTS
C'est la mère Michel qui a retrouvé son chat
Qui remercie le ciel d'le lui avoir rendu bien gras. (bis)

SCÈNE 10

MATOUPRIS ET LE LOUP

Le loup arrive.

LE LOUP
Hou, hou, hou !
(Matoupris essaye de se cacher, il va dans le public.)
Où est-il ce gros matou
Que je le transforme en ragoût ?
Piou, piou, piou, piou,
Viens mon gentil minou.
Piou, piou, piou, piou.
(Il imite un oiseau.)
Et où se trouve la jolie bergère ?
Il était une bergère
Et ron et ron petit patapon
Il était une bergère
Qui gardait ses moutons
Ron ron
Qui gardait ses moutons.
Et que je vais avaler tout rond.
Hou, hou, hou !
Et le jeune Pierre
Qui se cache dans la bruyère,
Je vais le déchiqueter.
Hou, hou, hou !

MATOUPRIS
Ouh là là ! Cette fois, il en veut à nous trois.
Jeannette, Pierre et moi
Sommes pour lui de belles proies.

LE LOUP
Je vais me régaler
Il y a longtemps que je n'ai pas festoyé.

MATOUPRIS
Ça promet ! Si je me montre, pour moi c'est la fin
Et il a tellement faim !
Comment lui rendre sa musique ?

LE LOUP *(allant dans la salle)*
J'ai une faim de loup
Je vais vous manger tous.

MATOUPRIS
Ouf, sauvé ! Il va manger le public.

Il sort de sa cachette et essaye de se sauver.
Le loup, toujours au milieu du public, le voit.
Il court sur scène et l'attrape.

LE LOUP
Tout doux le matou.

MATOUPRIS
Maman !

LE LOUP
On a peur, mon gros roudoudou ?

MATOUPRIS
Oui Monseigneur.

LE LOUP
Sale voleur, voici venir ta dernière heure. Hou hou hou !

MATOUPRIS
Je vais vous rendre ce que j'ai pris. Foi de Matoupris.

LE LOUP
Trop tard, j'ai trop faim.

*Il se rue sur Matoupris qui hurle, qui essaye de le griffer, qui crache,
lorsque le loup se met à éternuer plusieurs fois et le lâche.*

LE LOUP
J'avais oublié que j'étais allergique aux chats !
Atchoum, atchoum, atchoum !
(Il peut aussi se gratter.)
Mais j'ai faim, je veux un poulet, un mouton, une bergère
Et même une brochette de moustiques…

MATOUPRIS
J'ai mieux : voilà vos notes et votre clarinette.
Vite, commencez à jouer et vous serez sauvé.
Je vais demander à ma mère de vous apporter à manger.

Il se sauve.

SCÈNE II

LE LOUP ET JEANNETTE

Jeannette arrive.

TOUS LES DEUX *(poussent un cri en se voyant)*
Oh!

JEANNETTE
Ciel, un loup!

LE LOUP
Chouette, une côtelette!

JEANNETTE
Moi pas côtelette, moi Jeannette.

LE LOUP
Toi pas côtelette, toi Jeannette, moi clarinette.

JEANNETTE
Moi pas côtelette, moi Jeannette, toi clarinette et moi je rouspète.

LE LOUP
Toi pas côtelette, toi Jeannette, moi clarinette,
Toi tu rouspètes et moi gentille bête.

JEANNETTE
Moi pas côtelette, moi Jeannette, toi clarinette,
Moi je rouspète et toi vilaine bébête.

LE LOUP
Toi pas côtelette, toi Jeannette, moi clarinette,
Toi tu rouspètes, moi pas vilaine bébête ;
Ne sois pas inquiète, j'ai retrouvé le *do* de ma clarinette.

JEANNETTE
Chouette !

SCÈNE 12
LA ROSE ET LE LOUP

Arrive la Rose. Le loup joue de la clarinette.
(On peut passer « Pierre et le Loup » de Prokofiev
avec passage clarinette qui représente le chat.)
Le loup voit la Rose et peut réciter ce poème* :

LE LOUP
« Mignonne, allons voir si la rose
Qui ce matin avait desclose
Sa robe de pourpre au soleil,
À point perdu cette vesprée
Les plis de sa robe pourprée,
Et son teint au vôtre pareil. »
(* Ou, si trop difficile pour les enfants :)
Que vous êtes jolie !

LA ROSE
Que vous êtes flatteur, Monseigneur
C'est trop d'honneur pour une simple fleur.

LE LOUP
Je ne suis plus affamé, la musique m'a transformé.
J'aime la poésie et même le chat Matoupris.

LA ROSE
Matoupris, ce chat qui sur moi fait pipi ?
Ce chat qui me salit !
Ah non, je rêve de le piquer
Car il ne m'a pas respectée !

LE LOUP
Il faut lui pardonner
Et jamais rester fâché.
Ayons dans nos cœurs de tendres rêves
La vie est si brève.

LA ROSE
Surtout pour moi.

LE CHŒUR DES ENFANTS
« Et rose elle a vécu
Ce que vivent les roses l'espace d'un matin… »

LE LOUP
Oui, mais en étant la plus belle, la reine de toutes les fleurs.

LA ROSE
Merci, merci pour ce beau compliment.
Mais pendant qu'il est encore temps,

Et avant de me faner,
Allons réconcilier nos jeunes fiancés.
Et… attention à vos notes et votre clarinette !
Tout le monde vous aimera
Si vous ne les perdez pas.
À la postérité, vous serez réhabilité.

LE LOUP
Promis, juré.

La Rose sort.

LE CHŒUR DES ENFANTS
J'ai retrouvé le do de ma clarinette *(bis)*
Ah si papa il savait ça, tra la la,
Il dirait ohé…

LE LOUP
Hou, hou, hou !
(Il crie très fort pour faire peur aux enfants.)
Je suis le grand… ?
(Il attend que les enfants répondent : grand méchant loup.)
Je suis le grand… GENTIL LOUP !
Hou, hou, hou !

Il sort.

SCÈNE 13

Pierre et Jeannette

Pierre arrive.

Pierre
Auprès de ma blonde
Qu'il fait bon, fait bon, fait bon.
Auprès de ma blonde
Qu'il fait bon dormir.
Tous ont retrouvé ce qu'ils avaient perdu.
Mais moi, je n'ai pas retrouvé Jeannette
Qui me fait encore la tête.
Que faire pour qu'elle revienne
Et qu'elle soit enfin mienne ?
Je suis un mauvais marin, un paresseux jardinier, un piètre danseur.
Et si j'étais chanteur ? Je n'ai pas de musiciens !
(S'adressant au public.)
Mais vous êtes là, vous, alors tapez dans vos mains.
Si tu veux faire mon bonheur
Marguerite, Marguerite,
Si tu veux faire mon bonheur
Marguerite donne-moi ton cœur.

Arrive Jeannette.

Jeannette *(folle de rage, un couteau à la main)*
Pendant que je m'apprêtais
À le sauver des griffes du loup

Et à risquer ma vie pour lui,
Monsieur ne pensait qu'à Marguerite !

PIERRE
Jeannette, je suis Pierre, ton Pierre et pas monsieur…

JEANNETTE
Tu n'es plus mon Pierre.
Tu n'es qu'un tout petit caillou, minuscule, de la taille d'une puce.
D'ailleurs je ne te vois plus, tu n'es plus rien,
Tu n'es plus rien pour moi, Pierre.
Retourne chez Marguerite.
Si tu le mérites, elle te fera peut-être des frites ?

PIERRE
Elle ne sait pas, la pauvre, elle ne peut pas.

JEANNETTE
Elle ne peut pas ?

PIERRE
Ben non…

JEANNETTE
Et tu la plains ?

PIERRE
Ben oui.

JEANNETTE
Et qui c'est cette Marguerite
Qui a la chance d'être ta favorite ?

PIERRE
Ma poule.

JEANNETTE
Ta poule ?

PIERRE
Oui, ma petite poule.

JEANNETTE
Ta petite poule ?

PIERRE
Celle qui me donne de beaux œufs, ma petite poule blanche.

JEANNETTE
Marguerite, c'est… c'est une cocotte ?
(Elle traverse la scène en mimant une poule.)
Cot, cot, cot, cot, cot, cot, cot, cot, cot…
Et le loup ne l'a pas mangée ?

PIERRE
Non, il a retrouvé sa musique.

JEANNETTE
Et Matoupris, il ne va pas la voler ?

PIERRE
La mère Michel va le surveiller.

JEANNETTE
Et toi tu vas m'offrir encore des bouquets ?

Pierre
Oui, tous les jours, mais pas des roses !

Jeannette lui saute dans les bras.

La Rose
Merci pour les roses. Et surtout faites comme moi :
Ne vous perdez pas.
Il y a longtemps que je vous aime, jamais je ne vous oublierai.

FIN

REMERCIEMENTS

Mes remerciements à Sophie Chassan pour la scène si drôle qu'elle a rajoutée et pour la première mise en scène de cette pièce.

AVIS IMPORTANT

Cette pièce de théâtre fait partie du répertoire de la Société des Auteurs et Compositeurs Dramatiques, 11 bis rue Ballu 75442 PARIS Cedex 09. Tél. : 01 40 23 44 44. Elle ne peut donc être jouée sans l'autorisation de cette société.
Nous conseillons d'en faire la demande avant de commencer les répétitions.

ATTENTION

Aux termes du Code de la propriété intellectuelle, toute reproduction ou représentation, intégrale ou partielle de la présente publication, faite par quelque procédé que ce soit (reprographie, microfilmage, scannérisation, numérisation...) sans le consentement de l'éditeur est illicite (article L. 122-4 du Code de la propriété intellectuelle) et constitue une contrefaçon sanctionnée par les articles L. 335-2 et suivants du même Code.

Imprimé à la demande par Books On Demand GmbH, Bad Hersfeld, Allemagne

2ᵉ édition, dépôt légal : octobre 2015
N° d'édition : 201601
ISBN : 978-2-37393-091-7